# मुन्तज़िर..

नितिन भगत

Made with ❤ on the Notion Press Platform

www.notionpress.com

मुन्तज़िर                                    नितिन भगत

## समर्पित


**मेरे पिता को जिन्होंने भांति भांति का संगीत सुनाया और संगीत और काव्य प्रेम उभारा।**

## फेहरिस्त

## प्रस्तावना

आपके सामने यह पहली कविता संग्रह पुस्तक है, जिसमें देवनागरी लिपि का प्रयोग किया गया है, लेकिन इसमें वो कई उर्दू शब्द हैं, जो हिंदी में भी आमतौर पर प्रयुक्त होते हैं। ये कविताएँ एक सामाजिकता से युक्त व्यक्ति की आंतरिक उलझनों को प्रकट करती हैं, जिसका मुझे लगता है कि यह हम सबके अंदर है।

हमारी आधुनिक दुनिया के व्यस्ततम जीवन में, हम अक्सर खुद से अनदेखी कर लेते हैं, लेकिन ये कविताएँ आपको उस आंतरिक विचार से मिलाती हैं जो हमारे असली भावनाओं की ओर ले जाते हैं।

जैसा कि आप जानते हैं, भाषा ही वो माध्यम है जिसके द्वारा हम अपने भावनाओं, विचारों, और संवादों को व्यक्त करते हैं। मेरी कविताएँ वो आवाज़ हैं जो मेरे अंतरात्मा के संघर्ष को दर्शाती हैं, और मैं उम्मीद करता हूँ कि वे आपके अंतरात्मा के गहराईयों में भी दस्तक देंगी।

समर्थन और प्रेम के लिए धन्यवाद। उम्मीद है कि आप मेरी कविताओं का आनंद लेंगे।

आपका आभारी,

नितिन भगत

# शुरूआती दिनों की शायरी

Early Days

## दस्तकें

ना दे दिल, दस्तकें,
दरवाजों पे पत्थर के,
कांच सी तेरी चीख़ें,
गिर रहीं बिख़र के..

छोड़ दे उम्मीद,
मसीहा के आने की,
ना सुने कोई उसकी,
क्यूँ सुने वो ज़माने की,
जो मांगे वो मिले,
तो क्यूँ हों ग़म, जहां भर के..

बांध के टकटकी,
देख उधर मंज़िल जिधर,
दरबदर ना भटक,
ढूंढ ना हमसफ़र,
जान के ठोकर ना खा,
आएगा, ना कोई,
संभालने, रहम करके..

ना दे दिल दस्तकें..

# लोरी

रात चादर ओढ़ा रही है,
नींद झूला झुला रही है,
पलकें भारी सी क्यों हो रही हैं,
लौ जो हल्की हुए जा रही है..

रोज़ की तरह सूरज निकम्मा,
रंग के आसमान को, छिप गया है,
मेहनती रात देखो है आई,
चांद तारे सजाने को लाई,
नील आसमान पर चढ़ा रही है,
दिन को उजला बना रही है..

नींद परियों की रानी जो आए,
मीठे सपनों की सौग़ात लाए,
अपनी आग़ोश में यूं सुलाए,
जाने किस देश हमको ले जाए,
मुश्क़िलें है यह भुला रही है,
नहीं उम्मीदें दिए जा रही है..

रात चादर ओढ़ा रही है, नींद झूला झुला रही है

## इक वही

फूल पत्तों मैदानों में, आबादियों वीरानों में,
सहराओं समन्दरों, आंधियों, तूफानों में,
बस वही है इक वही, हरसूँ जिसकी रौशनी ।

दानिशों में नादानों में, जीते हारे इंसानों में,
हर अमीर हर ग़रीब, सन्यासियों चाहवानों में,
बस वही है इक वही, हरसूँ जिसकी रौशनी ।

गीताओं कुरानों में, ग्रंथों वेद पुराणों में,
गिरजों मंदिर मस्जिदों, हज़ारों लाखों नामों में,
बस वही है इक वही, हरसूँ जिसकी रौशनी ।

किसे बांट रहे हैं लोग,
किसे छांट रहे हैं लोग,
हाथों में दिए लिए, अंधेरे बांट रहे हैं लोग,
क्यों यह जानते नहीं, क्यों यह मानते नहीं,
हर रूप में यह तुझे, क्यों पहचानते नहीं,
मिटा हर खौफ,मिटा हर डर,
बचा अपने बच्चों को अब तू ही कुछ कर..

## कुछ दूर बादल

कुछ दूर बादल, फिर रौशनी है
धूप और छांव की यह दोस्ती है,
क्या है आसमां एक रंग बिखेरे,
कई रंगों से सजी यह ज़मीं है।

सोचता हूं मैं चल ना पाऊंगा
जानता हूं मैं रुक ना पाऊंगा,
सामने है मंज़िल पर कोई कमी है।

बांटी जो खुशी, ग़म भी हरसूं दिए
दी थी जो हंसी फिर क्यों आंसू दिए
कैसी दी जिंदगी हैरानगी है..

## नशा

बढ़ रहा है नशा, होश मुझसे जुदा,
यादों की डोर से, कौन मुझको खींचता,
थाम लो मुझे..

खिल के हंसती धूप में, जाने किसका रूप है,
जो वादियों में साए हैं, क्या यह कहने आए हैं,
कौन है कह रहा, लौट आ लौट आ,
थाम लो मुझे..

पानियों के शोर में, मीठी सी एक लोर है,
महकी सी हवाओं का, इशारा किसकी ओर है
किसकी ख़ामोशी है, जो दे रही है सदा,
थाम लो मुझे..

# तेरे लिए

ज़िन्दगी यह मेरी तेरे लिए
हर हंसी हर खुशी तेरे लिए
हर इक गुल हर कली तेरे लिए
महकी हुई हवा जो चली तेरे लिए

तुम से शुरू तुम पे खत्म ज़िन्दगी

हर समय हर घड़ी तेरे लिए
सावन की हर इक झड़ी तेरे लिए
बाहें खोलें राहें खड़ी तेरे लिए
बाग़ों में है शबनम पड़ी तेरे लिए

तुम से शुरू तुम पे खत्म ज़िन्दगी

आंखें मेरी सपने बुनें तेरे लिए
मेरा हर गीत मेरी धुनें तेरे लिए
मेरा यह दिल धड़कनें तेरे लिए
मेरे दिन रात बनें तेरे लिए
तुम से शुरू तुम पे खत्म ज़िन्दगी

# दूर चलें

दूर चलें
दुनिया की नजरों से दूर
आंखें मीचे, सपनों की दुनिया में
दूर चलें।
जहां फूल हो खिलें
जहां दिल से दिल मिले
चलो ढूंढे वो डगर
जो लेकर उस नगर चले
जहां प्यार की हो छाया
ना कोई हो पराया
वहां चले ।
जहां उजली धूप हो
खिला सब का रूप हो ।
जहां पंछी चहचहाऐं इक गीत लेकर हवाएं चलें ।
जहां आंगनो में धनक हो
आवाजों में खनक हो
वहां चलें..

## तेरी याद

आई बहार, पर इक पेड़, ज़र्द है,
गर्म है फिजा फिर क्यूँ दिल, सर्द है,
आ गई तेरी याद..
ज़ख़्म ना कोई, फिर भी क्यूँ, दर्द है,
सब चमक रहा, पर कहीं, ग़र्द है,
आ गई तेरी याद..

तेरे बिन ज़िन्दग़ी, यूं बसर करना,
रोज़ डूबना, रोज़ प्यासे मरना,
तेरी याद का सैलाब,
तेरी दीद की प्यास..

हर शहर, हर गली, हर एक दर,
ढूंढे तुझे, हर सहर,
हर शाम, नज़र
आंखें नम, धुंधली आस,

बुझता दिल, थमती सांस..

## यूं ही इक दिन कहीं

यूं ही इक दिन कहीं,
मिली मुझे ज़िन्दग़ी,
जैसे एक ख़्वाब सी,
वह मुलाकात थी,

रास्ते में यू पड़ी थी,
जाने किस जिद पर अड़ी थी,
लम्हा लम्हा चुन रही थी,
कोई क़िस्सा बुन रही थी,

एक आवाज तो दी थी मैंने,
पर जाने किसको सुन रही थी,

पास जाऊं या नहीं
उसे मनाऊं या नहीं,
यारी पुरानी है,
निभाऊं या नहीं,

पास जाने,
कब से थी वह,
फिर भी जैसे खो गई थी,
मेरे अंदर ही वह शायद,
मुझसे छिप के सो गई थी,
सारी उम्र थे जिसके पीछे,

वह अब भी आगे चल रही थी,

है साँसों में वो घुली है,
निखरी धुली-धुली,
यूं ही इक दिन कहीं,
मिली मुझे ज़िन्दगी

है साँसों में वो घुली है,
निखरी धुली-धुली,



यूं ही इक दिन कहीं,
मिली मुझे ज़िन्दगी

## रात आई

रात आई,  रौशनी के नगर, आई,
नादाँ अंजान, मौत से बेख़बर, आई

वादियों पहाड़ों, से होके,
नदियों झीलों से गुज़र,
दिन भर इंतेज़ार कर,
कर के लंबा सफ़र आई..

इस नगर हर रात दिन,
ना कोई तन्हा किसी के बिन,
सबका अपना कारवां,
सबकी अपनी रहगुज़र भाई..

जा कहीं अंधेरे में,
उसी सूरज चांद के घेरे में,
जहां तेरे दम से नींद हो,
जहां जाए तेरी लोरी गाई..

रात आई रौशनी के नगर आई..

# ना जा

ना जा अभी दम है बाक़ी,
रूह जिस्म में ही है,
दे जो कोई ग़म है बाक़ी..

मेरी सिसकियों पे ना जा,
तू बुझा प्यास अपनी,
कुछ लहू तो है, अभी
हां मगर क़म है बाक़ी..

मुझ में कुव्वत ना रही,
मंज़िलों को पाने की,
कुछ फ़ासिला तो है,
चाहे दो क़दम है बाक़ी..

तू सितम कर हम सहें,
तू ज़हर दे हम पिएं,
फिर ना कहना जहां में,
इश्क़ अब क़म है बाक़ी..

जिसको पाया ना कभी,
एक बार फिर ना मिला,
हैं सजदे में फिर भी हम,
देखें क्या सितम है बाक़ी..

दरबदर भटकी नज़र,
दूर तक पांव चले,
देखा मुड़ के तो पाया,
बस साया हम क़दम है बाक़ी..

## कौन हमको बुलाए

यादों की हवा चली,
सोचो मैं हुई खलबली,
धड़कनें थम गईं,
आंखें हो नम गईं,
भूले पल याद आए,
माज़ी के साए,
कौन हमको बुलाए..

बादलों ने, आवाज़ दी,
बारिशें, नाराज थीं,
धूप थी, बेइंतेहा,
कलियाँ कुछ, नासाज़ थीं,
जाए कोई ले आए,
भीगी भीगी हवाएं,
कौन हमको बुलाए..

होंगे जो हम नहीं,
होगा कुछ कम नहीं,
भीगी सी है आंख क्यूँ,
याद ना करो हमको यूं,
ज़िन्दगी चलती जाए,
कोई ना रोक पाए,
कोई फिर क्यूँ बुलाए..

## आज भी हूं

आज भी हूं मैं कल रहा हूं,
हूं यहीं पर मैं चल रहा हूं,
खो गई उम्मीद सा हूं,
पर दिलों में मैं पल रहा हूं..

साया रौशनी में,
हूं मैं लौ,
अंधेरी रातों में,
जुगनूओं सी है मेरी हस्ती,
बुझ रहा हूं मैं जल रहा हूं..

ख़ाली हूं समंदर,
हूं लबालब मैं सहरा,
हूं हवा सा मैं कुछ नहीं हूं,
पर बहुत कुछ बदल रहा हूं..

कांटा हूं गुलों में,
नरमी हूं मैं चुभती बातों में,
आंसूओं सा मैं हूं हंसी में,
ग़म हूं खुशी से पिघल रहा हूं..

आज भी हूं मैं कल रहा हूं..

## छोटी सी बात

छोटी सी इक बात को,
सोच सोच के मैं हारा,
मन मार के दुनिया काम की,
मन की मान मैं बेकारा,
ना तू सुन इस मन की बावरे,
उलझा उलझा यह फिरे,
जो इस संग चले सो गिरे,
मन्मुख दुनिया में हारा....

मन के घाट माया का पानी,
पिया तो समझा खुद को ज्ञानी,
ना ही सुनी ना किसी की मानी,
सुध बुध पर छाया अंधियारा...

## क़मी

ज़िन्दगी ज़िन्दगी, कुछ क़मी थी,
आंख में फिर से जो नमी थी,
रात भर फिर उदासी गिरी थी,
पलकों पे जो अभी तक जमी थी,
क्या क़मी थी..

दूर से इक हंसी सुनी थी,
दिल ही दिल इक कहानी बुनी थी।
फिर से ग़म की तरफ ले चली थी,
दिल ने हंस के जो राह, चुनी थी,
क्या क़मी थी...

## तो मैं रोज़ निकलूं

तो मैं रोज़ निकलूं ,
अपनी तलाश में,
और रोज़ उलझूं,
इस जहां के पाश में,
जो मैं उड़ना चाहूं ,
ना परवाज़ पाऊं,
और लौट आऊं,
अपनी ही लाश में।

है क्या वो जज़्बा ज़िंदा,
था ज़हन जो क्या हुआ,
था जो रूह ने पहना,
पैराहन वो क्या हुआ..

है ग़र जिस्म पाईंदा,
तो क्या नज़र ये वो नहीं,
था जिसका मैं बाशिंदा,
तो क्या शहर ये वो नहीं..

## बेवजह

बेवजह रात थी,
बेवजह फिर है दिन,
ज़िन्दग़ी हो चली,
बेवजह तेरे बिन,

था जुनून, था जुनून,
था सुकून, था सुकून,
हर वहम था यक़ीन,
थी हंसी थी ख़ुशी,
जो भी था, था जो तू था
सब गया तेरे बिन..

# फिर निकल गया कहीं

फिर निकल गया कहीं,
था यहीं, अब नहीं,
ढूंढता बेख़बर,
जो कहीं भी नहीं,
हैं हमसफ़र,
अब भी कहीं,
दिल मेरा,
और आवारग़ी...

आदत होने लगी थी,
ज़िन्दग़ी की,
छोटी छोटी ख़ुशियों की,
दोस्ती की,
पाग़ल दिल न माना,
उसको था बस जाना,
ये ज़िन्दग़ी, नहीं नहीं,
ये दोस्ती, नहीं नहीं,
धुन वही, बाक़ी रही,
दिल मेरा,
और आवारग़ी..

ख़ुशनुमा ख़ुशनुमा दिन,
रौशन रातें,
चाहत, उल्फ़त,

मीठी बातें,
देखा, समझा, जाना,
कुछ न चाहा, पाना,
ज़िद वही, बाक़ी रही,
दिल मेरा,
और आवारग़ी...

# मुन्तज़िर

जो ना दिल यह ख़ाली होता,
तो ना और जाम भरता,
कोई मुन्तज़िर जो होता,
क्यों मैकदे में शाम करता...

या तो बन के धुआं उठता,
या कि राख़ हो के गिरता,
न थी और कोई सूरत
मैं जल चुका था मैं क्या करता...

जब रूबरू उतरा,
ताउम्र जो ख़ुदा था,
सजदे में वक़्त गुजरा ,
भला कब मैं शिकवा करता..

जो ना दिल यह ख़ाली होता..

## अम्बवा की डाली

अम्बवा की डाली,
झूला जो डाला,
झूला झुलाये,
सखी कौन,

पिया भेजें पतियाँ,
पतियों में बतियाँ,
बतियाँ सुनाये,
सखी कौन..

## हर तरफ़

हर तरफ़, तुझको,
पाऊं,
तू ही बता, मिलने,
कहाँ आऊं,

कैसे पहुंचेगी,
तुझ तक सदा मेरी,
दीवानावार रोऊँ,
या गाऊं,

शर्मसार मैं हूँ,
और दुनिया खफा,
अब तेरे सिवा,
कहाँ जाऊं,

रौशनी दिल की,
आग़ से ना मिले,
मैं तो लौ चाहूँ,
जलन पाऊं..

## दीवारों से

दीवारों से यह जाले मत हटाना,
सब बदल चुके हो कुछ तो रहे पुराना..

उसकी हर आवाज़ पर, रुक जाओगे तो क्या पाओगे,
वह रोकता रहेगा आख़िर है वह ज़माना...

छुपा ना आंसुओं में पाओगे, हाल-ए-दिल तुम अपना,
आंसू है ग़म या ख़ुशी का, मुश्क़िल नहीं बताना...

उभरती जाएंगी बग़ावतें, सितम जो बढ़ाओगे,
होगा ना आंधियों से चिंगारिओं को दबाना...

## बेपनाह दर्द

बेपनाह दर्द में, भी चैन मिलता..
तेरा दीदार जो, दिन रैन मिलता..

कुछ सुकून तो मिलता, हमको जो कोई,
और भी शहर में, बेचैन मिलता..

ख़ुशनुमा हो जाती, ग़मगीन यह दुनिया,
सरे बाज़ार जो, कहीं चैन मिलता..

जन्नत ही हक़ीक़त होती, तो भी गम ना था,
ताउम्र बेचैनी चलो, फिर चैन मिलता..

ले चुकी थी सब तो, ज़िन्दगी जब हमसे,
यादें भी ले लेती, तो चैन मिलता...

## शबो रोज़

शबो रोज़ हूं मैं,
तेरे हवाले,
लहू से तू सींचे,
या जड़ से निकाले..

गई उम्र सारी,
तो रौशन हुआ दिल,
गई बुझ जो आँखें,
तो सुलगे उजाले..

वो पर्दे में रखता,
है हर बात दिल की,
कहें उससे कैसे,
ये पर्दा उठा ले..

हुई ग़म की आदी,
ये मेरी क़लम भी,
कोई भी हो मौज़ू,
रहें हर्फ़ काले..

वो उतरा है दिल में,
शिद्दत से इतनी,
कि अब जो वो निकले,
तो दम भी निकाले..

कोई बच के जाए,
कहां दूर किससे,
जहां सारा बैठा,
है ख़ंजर निकाले..

वो ख़ुशियों की बातें
करता था हमसे,
है उसकी ही नेमत,
जो हैं ग़म संभाले..

शबो रोज़ हूं मैं..

# अंतरावलोकन

## ख़ुद-नगरी

Introspection

# रोज़ उतरता है

रोज़ उतरता है,
इक इक कर,
जुनूं जो तारी है,

पहले इश्क़ गया,
अब परस्तिश,
की बारी है,

मेरे हौसले न पूछ,
मर चूका हूँ और,
जीना जारी है..

## पहर

ये पहर अंधेरे का है,
पर चांद का पहरा है,
एक स्याह है फ़ैल रहा है,
एक रौशन है, ठहरा है..

यूं ही बेसब्र होना,
अब कहां सुहाता है,
जितना उथला सुख है,
दुख उतना गहरा है..

मन बेचैन सा है,
जाने कहां उलझा है,
जिसको तेरी चीख-पुकार है,
वह सदियों से बहरा है..

# दौर

क्या ख़बर, किस,
दौर, में हूं,
मैं ख़ुद में नहीं,
ना किसी और में हूं..

रहने दो, ढूंढने,
मुझे ना निकलो,
मैं बे-ठिकाना भी नहीं,
ना किसी ठौर में हूं..

ना रख कोई बोझ,
तू दिल पे, ऐ दोस्त,
लापरवाही में तेरी,
ना तेरी ग़ौर में हूं..

## रहो

बदलना सीख रहा हूं,
बादलों से इन दिनों,
रंग़ ओ चाल बदलो भी,
और दिलक़श भी रहो..

तुम में क्या बात है,
कि सोचता हूं,
बे-लिहाज़ी भी तुम हो,
तुम कशमकश भी रहो..

बड़ा मुश्क़िल दौर है,
तुम्हें सब होना है,
रोज़ जीते भी रहो,
और ख़ुदक़श भी रहो..

## क्या होगा

अब और बुरा होगा तो कहो क्या होगा,
भला चाहो बुरा होगा तो कहो क्या होगा..

हसरत सूरज सा होने की कहां थी अपनी,
चिंगार हो बस बुझना होगा, तो कहो क्या होगा..

बेबसी सोच की है, या अक़्ल की है,
सब समझ जो नासमझ होगा, तो कहो क्या होगा..

फासले, फैसले, फ़सल जैसे ही तो हैं,
इब्तिदा करके छोड़ोगे, तो कहो क्या होगा..

बड़ा ज़ोर मारा इस फन में हुज़ूर दिल का,
और जिगर निचोड़ा भी, तो कहो क्या होगा..

## झूठा शे'र

लिख ना पाया,
जो जिया मैंने,
यूँ हर शेर मेरा,
झूठा भी नहीं था..

हाँ मुझसे ग़ाफ़िल रहा,
मेरा दोस्त ना था,
मगर वक़्त मुझसे,
रूठा भी नहीं था..

## आख़िर

बेसब्र होते हो, तो क्यों आख़िर,
ना ही पहले हो, ना तुम हो आख़िर..

हाथ ख़ाली, और चमक आंख में है,
शायद जो होना था, गया हो आख़िर..

नई नींद सिरहाने पर है, फिर काबिज़,
ग़म भी एक उम्र का, गया हो आख़िर..

रात तलती है, बेदर्दी से ख़्वाब,
किसने देखा कौन, गया सो आख़िर...

## रखते हो

रखते हो दिल,
तुम ज़ुबाँ रखते हो,
ये तो तुम पर है,
क्या कहाँ रखते हो..

कौन फेहरिस्त,
करे पूरी,
सुना है, हसरत में,
कुल जहां रखते हो..

हम छिपाते हैं,
अपने ख़्याल तुमसे,
तुम तो हर शै,
यहां वहाँ रखते हो..

## जूनून

बहुत कुछ है,
सुकून दे जो,
पर सुकून मिलता नहीं,
होती है कोई वहशत,
कि मुक़ाम मिलते हैं,
पर जूनून मिलता नहीं..

## मेरा होना

मेरा होना किसे याद होगा,
और न होने पे, क्या फ़साद होगा..

बहुत कुछ था, मेरे आने से पेश्तर,
बहुत कुछ मेरे, जाने के बाद होगा..

तुझे होगा सुकून, मेरी दुशवारी से,
तेरे ग़म में, न मेरा कुछ, शाद होगा..

ये अजीब बेसब्र सा दौर है,
सब होगा, मगर वक़्त के बाद होगा..

## मेरी मुझ से मैं कहूं

मेरी मुझ से मैं कहूं,
मुझ से सुनी न जाए,
इतना ख़ुद को जान के,
अब ख़ुद से ख़ुद लज्जाए

# गुफ़्तगू नहीं आती

मुझे अब भी,
गुफ़्तगू नहीं आती,
हाँ मैं अब खामोश,
नहीं रहता ,

अब बहुत हैं,
जो मेरी सुन लेते हैं,
मैं भी उनसे अब कुछ,
नहीं कहता,

कुछ जलन है,
जो बाक़ी है,
पर लहू आँख से अब,
नहीं बहता,

ज़ालिम कौन, ज़ुल्म किसपे है,
नहीं पता, वर्ना,
ज़ुल्म कोई, आजकल,
नहीं सहता...

## दानाई

जो थी बात सबके दिल में,
क्यों हमको बतायी जाती,
जो न शर्मसार होते,
ना ये दानाई आती,

ना दिखाई दें, किसी को,
ना सदा कहीं पे, पहुंचे,
तो कोई बताये कैसे,
हमें रहनुमाई आती...

## ऊंचाई

उड़ने तो दूँ,
ख़यालों को मग़र,
उस ऊंचाई से,
सब नहीं दिखता,

बावजूद, लोग,
नहीं दिखते,
बेवजूद, रब,
नहीं दिखता,

कोई किसी हाल,
नहीं दिखता,
ज़ीस्त का सवाल,
नहीं दिखता,

कौन पागल है,
जो कहता है,
कि कुछ तो दिखता है,
तब भी, कुछ भी जब,
नहीं दिखता...

## शिक़स्त रोज़ की

हम भी फतेहमन्द थे,
जब रंग में थे अपने,
अब रोज़ नया रंग है,
और शिक़स्त है रोज़ की,

वो दिन भी आएगा,
के और दिन ना होंगे,
अभी तक तो ज़ीस्त,
बस परस्त है रोज़ की...

## नहीं बदला

मेरे देखने से, मंज़र,
नहीं बदला,
कहते हैं सब, मगर कोई,
नहीं बदला,

अब भी मुश्किल है,
ज़ेहन तलक जाना,
लोग बदले, ये सफ़र,
नहीं बदला...

## हुआ कुछ भी नहीं

हुआ यूँ,
के फ़िर से दिन, गुज़रा,
हुआ यही बस, और,
हुआ कुछ भी नहीं,

क़रीब से होके,
यूँ उम्र गुज़री,
वक़्त निकला बस, और,
हुआ कुछ भी नहीं...

## साथ उम्र के

बेरूख़ी ही नहीं,
बढ़ी, साथ उम्र के,
और भी पहलु हैं जो,
लगे हाथ उम्र के,

ज़िन्दग़ी न हुई,
जिस्म-फ़रोशी हुई,
जाता रहा जिस्म,
आने के साथ उम्र के..

सोचा था ये बरस तो,
रौशन होगा,
आया न सिवा अक़्ल के,
कुछ साथ उम्र के...

## फ़िक्रे की फ़िक्र

फ़िक्र फ़िक्रे की रही,
एहसास जाता रहा,
कहते कुछ रहे, और,
कुछ कहा जाता रहा,

नक़्श तो ज़ाहिर हुए,
पर बात न बानी,
छीलते दिल रहे, कागज़,
कुरेदा जाता रहा,

रखते रहे, बूझ के,
हर मुद्दे पे सोच को,
बात बिगड़ती यूँ रही,
कि लफ्ज़ रखा जाता रहा..

## गिरा होना

गिरा होना भी कोई आसान नहीं,
रहना भी ठोकर में है,
और बदनाम भी होना है,

उठ के चलना, वहां नसीब नहीं,
जहाँ रूह भी बोझिल है,
और जिस्म भी ढोना है..

## ऐसा ऐतबार है क्या

ना सुकून हो, ना तलब हो,
ऐसा ऐतबार है क्या,

हो ग़म और ख़ुशी से पिघले,
ऐसा क़िरदार है क्या,

जो शिक़न सा बावफ़ा हो,
ऐसा दिलदार है क्या,

हर रोज़ चैन लूटे, और बेचैन ना हो,
ख़ुद सज़ा चाहता हो,
ऐसा गुनहग़ार है क्या..

ना सुकून हो, ना तलब हो..

# फुर्सत

यूँ फुर्सत तो नहीं रहती,
कि ख़ुद से परे सोचूं,
मगर कोई ख़ुद से अब,
मुझे सोचने तो दे..

हाँ गिराया है शिकार,
और सब ही भूखे हैं,
मगर कोई ख़ुद हमको भी,
निवाला नोंचने तो दे..

जो दिल से लौटा है,
भरा हुआ है आँखों तक,
वो ख़ुशी से रो तो दे कोई,
जज़्बे खरोंचने तो दे..

## यह भी नहीं

बहुत कुछ नहीं हूँ अभी,
मगर कुछ भी नहीं, यह भी नहीं..

अर्से से बादलों कि चाल नहीं देखी,
मगर फुर्सत ही नहीं, यह भी नहीं..

ख़बर लेता नहीं वो इन दिनों मेरी,
उसे ख़बर ही नहीं, यह भी नहीं..

# तू कुछ नहीं

तू कुछ नहीं, मैं कुछ नहीं,
कुछ नहीं, ये जहां,
तू भी सही, मैं भी सही,
है सही, ये जहां,

हमसे न पूछो तुम,
हमारा फ़लसफ़ा,
ठहरेगी, बात फिर,
वहीं, हर दफ़ा,
जो कहो तुम,
मैं मान लूँ,
ख़ुद को भूलूँ,
तुम को जान लूँ,
चुप मैं रहूं, तो कुछ सुनूं,
चुप रहे,
जो चाहे सुनना..

तू कुछ नहीं..

हालात पे

# तंज़-निगारी

Satirical Writings

## ख़बरदार

ख़बरदार कि रास्ते बंद हैं,
हुक़्मरान मुल्क़ के लिए फ़िक्रमंद हैं..


क्या ज़रूरी है कि वो सुनें सबकी ,
सुनने में उनकी जो सब रज़ामंद हैं..


और जो चुप हैं, वो चुप ही रहें,
वरना रखने को चुप भी, बस्तो बंद हैं..


किसकी उम्मीद में उठाते हो हाथ,
आजकल ज़मीं पे ही कई ख़ुदावन्द हैं...


ख़बरदार कि रास्ते बंद हैं...

## ख़ुश्क़ मौसम

बड़ा ही ख़ुश्क़,
मौसम है,
की दिल सूखे हैं,
इस दौर का इक,
ग़म है,
की दिल सूखे हैं..

ख़ुश्क़ मौसम

बड़ा ही ख़ुश्क़,

# दंग

मैं भी तो सुन,
चुका हूं, तुझे
मेरी सुनकर तू,
दंग क्यों है..

हर तरफ़, तो,
फ़ैल चुका है, तू,
अदना सच से,
तंग क्यों है..
ना तो होली है,
और रमज़ान भी गई,
पर हवा में,
रंग क्यों है..

सब बांट रहे हो, सब बांटो,
मिट्टी मिट्टी के, फूल फूल के,
परिंदा परिंदे के,
संग क्यों है...

## रंग़

क्यों तुझको यह रंग़ नहीं दिखते,
तू हुजूम में है, पर सब, तेरे संग़ नहीं दिखते..

बेपर्दा जो हो रहा है, वो तेरा ही चेहरा है,
जो पत्थर दिखाता है तू, वो संग़ नहीं दिखते..

उतरेगा तू भी एक रोज़ इस पायदान  से,
जिस्म पहले जो थे काबिज़, अब वो अंग नहीं दिखते..

## निगाह रखो

रखो जज़्बों पे,
निगाह रखो,
जब ज़िंदा हो,
जीने की,
चाह रखो,

कोई तो उम्मीद रखे,
तुमसे,
किसी के दिल,
में तुम,
पनाह रखो..

## वायदा

शायद किसी दिन,
आऊं याद में भी,
तारीख़ों का मुझसे,
अभी वायदा नहीं है..

मैं तो मैं हूँ,
और मैं ही रहूँगा,
पर कोई ख़ास मुझसे,
अभी फ़ायदा नहीं है..

जो दिलबर हैं जाने,
क्यों जान वारते हैं,
यूँ बेअक़्लों से मिलने,
का क़ायदा नहीं है...

## रौशनी नहीं चाहता

अँधेरे में कोई है,
जो रौशनी नहीं चाहता,
तेरे मेरे में कोई है,
जो रौशनी नहीं चाहता

यूँ वो दूर नहीं,
और हम भी मजबूर नहीं,
पर अंदर ग़ुरूर कोई है,
जो रौशनी नहीं चाहता

वो कहे,बस नहीं चलता,
कि रात रुक नहीं सकती,
देखो क्या साफ़ग़ोई है,
जो रौशनी नहीं चाहता..

## ख़ुशनुमा

अरे हर रोज़,
ख़ुशनुमा नहीं होता,
कभी मुझ नुमा,
तो कभी,
तुझ नुमा नहीं होता,

नुमायां होता है,
कोई फ़लसफ़ा
तो हर इक रोज़,
वो अलग बात, अपने,
फ़लसफ़े नुमा नहीं होता..

# मिट्टी से प्यार

क्या खूब लहुं में ग़र्मी है,
हर लफ्ज़ में, बेबाक़ी है,

पर जिस में गिरा,
जिस पे सम्भला,
उस मिट्टी से प्यार,
अभी बाक़ी है,

इसी ख़ाक से,
ख़लक़त खड़ी हुयी,
हर जिस्म बना जो,  फ़ानी है,
जिस ख़ून में, बस ग़र्मी है,
ख़ून कहाँ,  बस पानी है,
रूह में मिट्टी का, रंग नहीं,
पहरावा चाहे, ख़ाकी है,

जहाँ जन्म लिया,
जहाँ पला बढ़ा,
उस मिट्टी से प्यार,
अभी बाक़ी है..

## मेरी हर बात अच्छी है

अरे क्या कहूं,
मेरी हर बात,
अच्छी है,

तेरे मुँह की सयानी से,
मेरे मन की वाहियात,
अच्छी है,

अच्छे दिन क्या चीज़ हैं,
मैं लाया हूँ तो अब रात,
अच्छी है,

ईमारत क़ायम है अभी,
निकल जाओ, कि एहतियात,
अच्छी है..

# मशालों पे पाबंदी है

कर लो क़ैद,
जो उजाला नज़र आये,
मशालों पे पाबंदी है,

स्याह सीरत,
सफ़ेद सूरत है,
सब्ज़ बाग़ों की क़िलाबन्दी है,

ज़मीर ओ शर्म,
ना बाहर निकले,
ये अजीब, नज़रबंदी है..

                    

# हर रंग सुनाई देता है

अब तो हर रंग,
सुनाई देता है,
सच बेरंग, बेआवाज़,
दिखाई देता है,

इतना दखल है, उसका,
कि यारों,
हर जिस्म में, वो रूह,
दिखाई देता है,

ये भी इश्क़ ही है,
कुछ और नहीं,
जो ज़हर, ज़म ज़म,
दिखाई देता है,

और इक सुनते हैं,
है हक़ीम कोई,
ख़ुद ही मर्ज़ है,
जिसकी वो,
दवाई देता है

## कोई नहीं है

ज़रा दूर देखो,
कोई नहीं है,
यूँ वैसे मजबूर,
कोई नहीं है,

है मसला ए जान,
सो बेबस हैं सारे,
अब इतना भी मग़रूर,
कोई नहीं है...


*कोविड काल में लिखी गयी

## क़ैद

वाह के, क़ैद हो गए,
वहीँ, जहां से जाने को,
जी नहीं था,

वीराना पसंद तो था,
लेक़िन शहर,
बयाबां बनाने को,
जी नहीं था..

*कोविड काल में लिखी गयी

## बदलना होगा

अब तो ये तौर,
बदलना होगा,
हुयी देर पर, दौर,
बदलना होगा,

ना देखो तो कुछ,
नहीं दिखता,
पर क़यामत है,
जो करो, ग़ौर,
बदलना होगा..

## मौसम ए हाल

पल पल मौसम पे नज़र रखता हूँ,
लोग अब धूप को बरसात कहा करते हैं..

कोई कहता है, तो कहने तो दूँ,
मगर अब दिन को रात कहा करते हैं..

कुछ पूछे तो कोई क्यों पूछे,
लोग अब सब बेबात कहा करते हैं..

और हक़ नहीं, औक़ात कहाँ कहने की,
बस ख़ास लोग अब जज़्बात कहा करते है..

## गुनाहगार

गुनाहग़ार नहीं कोई,
बेक़सूर नहीं,
जी हज़ूर बहुत हैं यहाँ,
हुज़ूर नहीं..

उतर जायेगा ये भी,
इक नशा ही है,
ये कोई इश्क़ नहीं,
जुनूं नहीं,
फितूर नहीं..

वो जो हस्ता था,
के बदली है हवा,
आंधी में अब उसके भी,
घर नूर नहीं..

## आज़िज़

हूँ गुफ़्तगू से आज़िज़,
थोड़ा खामोश बैठो,
कोई भी बात छेड़ो,
तो ये तक़रार क्यूँ हो..

अरे हम थे यारी लेते,
ख़रच के प्यार थोड़ा,
ये कौन कह रहा है,
कि ये व्यापार क्यूँ हो..

85

# हलकी फुल्की नज़्में

Light Hearted Pieces

वैसे लोग
कह तो दूँ,
मगर हर बात,
नहीं कहते,
मेरी दुनिया में,
अब वैसे लोग,
नहीं रहते,

नज़र उठाऊं,
तो क्या क्या,
नहीं कहते,
झुका जो लूँ,
अगर, तो कुछ,
नहीं कहते..

## धूप और गीत

धूप ओढ़ ली पत्तों ने,
हवा भी नर्म सी है,
कोई गीत लेके निकलेगा,
ख़बर गर्म सी है,

सुनने को तो कोयल है,
गीत सुनते जाओ उसका,
मेरे गीतों की आजकल,
तबियत नर्म सी है,

मैं तो कहता हूँ,
पर कोई नहीं सुनता,
और किसी की सुनते मुझे,
आती शर्म सी है..

                                          

# बहला के छोड़ जाते हैं

बहला के छोड़ जाते हैं,
करम देखो कि जलने भी नहीं देते,
सुलग़ा के छोड़ जाते हैं,

तुम्हे अब क्या बताएं,
हाल ए दिल, हाल ए दिल,
कि है जो पूछते, वो भी सुनो आख़िर,
सुना के छोड़ जाते हैं,

गुफ़्तगू आइनों से,
छोड़ दी, छोड़ दी,
कि कहते कुछ नहीं, और वही सूरत,
दिखला के छोड़ जाते हैं..

## आहट

उलझ गयी धूप बादलों में,
फिर मौसम ने मुस्कुराहट दी..

कोई आने को था, नहीं आया,
फिर उदासी ने दिल में आहट दी..

जाते क़दमों कि गूँज बाक़ी थी अभी,
कि उसकी याद ने फुसफुसाहट दी..

आना दिल में हुआ, कि खबर न हुई,
जाने कि सोच ने भी, सकपकाहट दी..

## ये रंग़

ये रंग़ तो नहीं,
भुला दिए उसने,
मैंने फूलों से,
उधार मांगे थे,

इक हंसी पर,
कहाँ कोई माने,
मुस्कुरा के,
बार-बार मांगे थे,

यूँ तो बहुत थे,
गुलिस्तां में,
मैंने बस दो,
चार मांगे थे,

वैसे करता हूँ,
था तो यक़ीन,
फ़िर भी दिखाने को,
प्यार मांगे थे..

## दस्तूर

है बेक़रार तो मंज़िल भी,
मगर उसके आने का, दस्तूर नहीं है..

किसी और से क्यूँ उम्मीद रखो,
राह है, क़दम तो मजबूर नहीं है,..

हम न कहेंगे तो कोई और, कहेगा,
शायर सही, ग़ज़ल तो मगरूर नहीं है..

## मासूम होना

दिन भर तो दिल जलाऊँ,
और जलन से जी चुराऊँ,
हाय, मासूम होना,
वो भी इस क़दर से..

मेरी बेहतरी का वाक़िफ़,
क़ाश मैं ख़ुद भी होता,
सब वो जानकार निकले,
जो, ना थे जनाब इस घर से..

तेरा टूट टूट जाना,
मुझे तोड़ने की ख़ातिर,
ये अदाएं कौन सीखे,
ख़ुद आती हैं उमर से...

## वादा

बह के भी तो डूब जाती हैं,
किनारों का कश्तियों से, वादा नहीं होता..

बहुत कुछ सुनते आये हैं,
और सुन के भी अब कमज़ोर, इरादा नहीं होता..

प्यार तो प्यार ही है साहिब,
बिगड़ने से कम, मनाने से, ज़्यादा नहीं होता..

## फ़िक़्रे

### तौर

देखेंगे तौर कब तलक,
इन ऐहलकारों के,
कुछ हम सिरफिरों को भी,
बिगाड़ लेने दो..

### भटकते कैसे

शहर वीरान था,
भटकते कैसे,
कोई मिला ही नहीं,
जो राह बताता...

### हालात

जब हालात बदले,
तो ये हाल होगा,
हम लाजवाब होंगे,
वो लासवाल होगा...

### सफ़र

मुझको दूर बताने वाले,
तेरा सफ़र बतलाये कौन,
होगा तू जन्नत का वासी,
पर जहां से उठ के जाए कौन

### शर्म

उलझो तो बदगुमानी होगी,

रहो चुप तो बेईमानी होगी,

आँख नम ना भी होने दो लेकिन,

रूह तो शर्म से पानी होगी..


### अंजाम

मैं रात चलता,

सुबह ही जो,

अंजाम होती,

दिन में रुकता,

तो भी, रात आती,

फ़िर भी,

शाम होती..


### मग़रूर

मुझको वो हाथ देता,

जो ना ख़ुद ही मग़रूर होता,

मुझे तब तो होश देता,

जो ना ख़ुद वो चूर होता,


उसका मिजाज़ शायद,

है मुमकिन नरम ही होता,

ना वहशत से काम लेता,

जो ना आदत से मजबूर होता..

### लियाक़त

हम में ही शायद अब,
लियाक़त नहीं रही,
या दोस्तों को सच की,
आदत नहीं रही...

### चश्मा

चश्मा ए शायर हूँ,
क्या दिखता है,
क्या मग़र देखता हूँ,
नाज़ुक हूँ और कड़क भी,
पत्थर में दिल,
दिल में पत्थर देखता हूँ...

### पते

फिर फूलों के मौसम में,
हर कोई भुला देगा हमको,
हम पते हैं, और आंधी, पतझड़ है,
देखो अब कौन, वफ़ा देगा हमको..

### रौशनी का मेला

लगा के रौशनी का मेला,
वो अंधेरों में बुलाया करते हैं,
ख़याल रखो कि वो आँखें नम,
दिलों को जलाया, करते हैं...

तलब

तलब फिर लगी है,
बेचारग़ी की,
मगर फिर से हारूँ,
ये दिल भी नहीं है...


ख़याल

आते आते रह गया,
ख़याल था कोई,
जाने जवाब था,
या सवाल था कोई...


हुस्न की मिसालें

रात गहराई और चाँद उभरा,
और भी हुस्न की मिसालें होंगी,
रोज़ ना सही, फुर्सत से ही सही,
वो भी क्या ख़ूब, विसालें होंगी...


पतंग

ख़ाब की पतंग उड़ी,
ढील तो दो हसरत की डोर को,
रोके रखोगे तो कैसे जानोगे,
जज़्बा ए जुनूं के ज़ोर को..


आसानी

परेशानी ख़ुद से है,
पशेमानी ख़ुद से है,

                                          नितिन भगत

मुश्क़िल है कोई और हो जाऊँ,
कि आसानी ख़ुद से है..

99

## समापन और आभार

आभारी हूँ आपके समय और ध्यान के लिए। मेरी कविता संग्रह को पढ़ने का यह अवसर मुझे गर्व और प्रसन्नता प्रदान करता है। आपका समर्थन और प्रतिक्रियाएँ मेरे लिए महत्वपूर्ण हैं और इन्हें सुनकर मेरा उत्साह बढ़ता है।

आप मुझसे और मेरी कला से जुड़ने के लिए मेरे Instagram और Facebook पेज का भी दौरा कर सकते हैं:


Instagram: www.instagram.con/nirocktin

Facebook: www.facebook.com/nitinmusicpoetry